I 27
n 15234.

ELOGE

DE

MARC-ANTOINE DE NOÉ,

ÉVÊQUE DE TROYES,

CI-DEVANT ÉVÊQUE DE LESCAR.

Ouvrage qui a obtenu l'*Accessit* du concours ouvert par le Musée de l'Yonne;

Par M. HUMBERT, *Secrétaire de Son Excellence Monseigneur* PORTALIS, *Ministre des Cultes;*

PRÉCÉDÉ

Du Rapport de M. BERNARD, *Secrétaire du Musée de l'Yonne, sur les Piéces du Concours.*

Conamur tenues grandia.
Horat. Odar. L. 1. Od. 6.

A AUXERRE,

De l'Imprimerie de LAURENT FOURNIER,
Imprimeur du Musée de l'Yonne.

1804.

RAPPORT

Fait par M. BERNARD, Secrétaire du Musée de l'Yonne, à la séance publique du 25 Fructidor an 12, (12 Septembre 1804) sur les pièces du concours ouvert pour l'éloge de M. DE NOÉ.

Le Musée de l'Yonne en proposant au concours l'éloge de MARC-ANTOINE DE NOÉ, Évêque de ce département, a voulu ériger à sa mémoire un monument digne de subsister autant que ses ouvrages et que le souvenir de ses vertus, et il a cru ne faire qu'acquitter au nom des lettres la dette de la reconnaissance. La postérité qui met à leur place les hommes et les choses, marquera bientôt celle que l'Évêque de Troyes doit occuper parmi les orateurs de la chaire, et si quelque esprit difficile trop persuadé que nul dans le siècle qui a suivi le beau siècle où Bossuet et Fénélon ont produit leurs chef-d'œuvres immortels n'a pu en approcher, nous accusait d'exagération pour avoir placé le nom de NOÉ à côté de ces grands noms, nous renverrions à ses ouvrages, qui seuls peuvent et doivent répondre pour lui, et qu'il a mis à perfectionner, le temps qu'il eût employé moins utilement pour sa gloire à les multiplier; nous observerions de plus qu'il y a eu, entre ces deux hommes et lui, cette différence à son avantage, que l'épreuve du malheur ne lui a pas manqué ; nous comparerions les tems aux tems ; nous montrerions tout ce qui était respecté à l'une des époques, dans l'autre persécuté indignement avec M. DE NOÉ ; on le verrait pleurant sur les ruines des édifices consacrés à la religion, dont peu d'années auparavant il avait prophétisé la destruction, en ramasser les débris épars, prêt à les mettre en œuvre au moment marqué par le doigt de la Providence pour leur réédification : on le verrait enfin sortant pur d'une épreuve terrible à laquelle ceux qui l'avaient précédé dans la même carrière n'avaient pas du moins été exposés à succomber.

Sans doute M. DE NOÉ de son vivant, (et peut-être aurait-on le droit de le reprocher à son siècle) est demeuré loin de la réputation de Fénélon et de Bossuet, qui avait jetté même avant leur mort un si grand éclat ; mais son caractére ami de la liberté et de l'indépendance, explique l'espèce d'oubli où il est resté. Etranger à la cour, il savait que ce n'était pas là qu'il pouvait remplir les devoirs de l'épiscopat et il ne voyait dans les avantages qui y étaient attachés que le plaisir d'essuyer quelques larmes et de soulager quelques infortunes, et dans l'étude qui faisait ses délices que le charme de s'y livrer. Ajoutons que par cela même qu'il avait eu le bonheur de réaliser dans ses écrits et dans ses actions l'alliance de la religion et de la philosophie, il avait dû soulever ce préjugé funeste à l'une et à l'autre, qu'elles ne sauraient exister simultanément; tandis qu'il serait si desirable pour la philosophie que ceux qui s'honorent de suivre ses étendards, alliassent à son culte celui de la religion, et pour la religion que ceux qui montrent le plus de zèle pour ses intérêts fussent toujours philosophes.

On en pourrait dire d'avantage sur un sujet difficile à épuiser, si le soin de louer M. DE NOÉ n'appartenait particulièrement aux orateurs qui ont répondu à l'appel du Musée de l'Yonne. C'est une tâche qu'il serait peut-être imprudent de tenter après eux; la mienne doit se borner à vous faire part du résultat du concours.

On n'a point oublié que dès l'année dernière le Musée avait proposé pour sujet de prix l'éloge de M. DE NOÉ. Ne trouvant pas que l'objet de son programme eût été suffisamment rempli, il proposa le même sujet pour l'année suivante, et en appelant de nouveaux talens à le traiter, il invita les premiers aspirans à perfectionner et à reproduire leurs ouvrages. La société académique de l'Aube, chef-lieu du département qui s'honore d'avoir possédé M. DE NOÉ dans son sein, invitée par le Musée de participer à sa séance de 1803, crut elle-même s'honorer en lui demandant la faculté de s'associer à sa pensée et offrit le doublement du prix. Le Musée adopta avec empressement cette offre qui pouvait contribuer à assurer le succès du nouveau concours. Après avoir été consignée dans une délibération de la société académique, elle le fut dans le second programme que le Musée publia. Son espérance n'a point été déçue, et tandis que l'année dernière il avait douté s'il n'était point en état de décerner le prix, il n'a été embarrassé en dernier lieu que sur la question de savoir auquel des orateurs du concours le prix devait appartenir.

Dans le nombre des ouvrages parvenus au Musée, quatre ont sur-tout fixé son attention. Celui sous le n°. 4, portant pour épigraphe ce passage de Tacite : *Ita celeberrimus ad prodendam virtutis memoriam sine gratiâ aut ambitione* lui a paru précieux sous le rapport des faits, et il faut savoir un gré particulier à l'auteur, des recherches dont son ouvrage offre le résultat, comme il faut savoir gré à M. Dominique de Noé (frère du prélat) sur la foi duquel il en a recueilli la plus grande partie, de les lui avoir revelés.

Le discours n°. 1ᵉʳ. qui porte pour épigraphe : *Multis ille bonis flebilis occidit*, purement écrit, mais trop faible de couleur en général pour se soutenir à côté de ceux dont il nous reste à parler, offre des morceaux qui déposent en faveur des talens de l'auteur. Tel est le portrait qu'il a tracé du *Maréchal de Richelieu* à l'occasion de l'affaire qu'il suscita au Vicomte de Noé, maire de Bordeaux :

« Alors un homme extraordinaire était gou-
» verneur d'une province considérable du midi
» de la France. Tous les genres d'ambition étaient
» de son domaine. A l'ombre d'un nom auquel
» un grand personnage sous le règne précédent
» avait attaché la renommée, il gouvernait à la
» fois et le prince et les sujets. Couvert des
» lauriers de Mars et de ceux d'Apollon, il quit-
» tait le casque d'Alexandre pour le manteau
» d'Antisthènes, et dominait tour-à-tour dans les
» camps et dans le lycée. Il aurait été peut-
» être la copie de Périclès, s'il n'eût été celle
» d'Alcibiade ; tout fléchissait devant lui, depuis
» les Phrynés de la capitale, jusqu'à l'Homère de
» Ferney. Ingénieux et superficiel, bel esprit et
» contempteur des beaux esprits, général habile,

« et petit maître agréable, orgueilleux en effet et
» philosophe en apparence, il sera le Caméléon
» de l'histoire. Il éclipsa par sa hauteur et par
» le nombre de ses aventures en tout genre, le
» fameux duc d'Epernon qu'il affectait de pren-
» dre pour modèle ».

Mais si les deux discours dont nous venons de rendre compte, et qui attachent sous plusieurs rapports, ne sont pas toujours au niveau de leur sujet, ce qu'ils laissent à desirer, le Musée a eu la satisfaction de le retrouver dans les discours n.ºs 3 et 5, dont l'un porte pour devise : *Pectus est quod facit disertos*, et l'autre : *conamur tenues grandia*. Il ne faut que lire ces deux ouvrages où respirent à-la-fois le respect et l'amour de la religion et de la vertu, pour se convaincre que leurs auteurs en prenant la plume ont eu la conscience de leurs moyens et de leur sujet, et qu'ils ont su exprimer avec force et même avec grâce ce qu'ils ont senti avec énergie. C'est-là qu'on lit et qu'on aime à relire plusieurs morceaux que le goût de l'Evêque de Troyes eût aussi certainement avoués que sa modestie les eût rejettés. Le Musée aurait été plus longtems indécis entre ces éloges, si l'un des deux ne se fût senti de l'avantage qu'a eu son auteur, comme il l'annonce, de voir et d'admirer de près, de connaître même intimement M. DE NOÉ. Le second des aspirans qui n'a pas eu le même avantage, n'a pu entrer comme le premier dans tous les détails attachans de la vie de l'Evêque de Troyes, ni être auss riche de faits que son rival, et on regrette en voyant à quel point il a su annoblir ceux qu'il a mis en œuvre, qu'il n'en ait pas connu d'avantage, et que son travail n'ait pas plus d'étendue.

Déterminé par les motifs que je viens d'avoir l'honneur de vous exposer, le Musée de l'Yonne a décerné le prix au Discours : *Pectus est quod acit disertos*, et l'accessit au Discours : *Conamur tenues grandia*.

Le rapport de M. le Secrétaire du Musée terminé, M. ROUGIER-LABERGERIE, Président, a fait, en séance publique, l'ouverture des billets annexés aux discours qui ont remporté le prix et l'accessit, et il a annoncé que le premier des deux billets sur lequel s'est trouvée répétée la devise : *Pectus est quod facit disertos*, portait le nom de M. LUCE DE LANCIVAL, Professeur de Belles Lettres au Lycée de Paris; et que le second billet sur lequel s'est trouvée également répétée la devise : *Conamur tenues grandia*, portait le nom de M. HUMBERT, Secrétaire de Son Excellence le Ministre des Cultes.

AUX SCIENCES, AUX ARTS.

Auxerre, le 4 complémentaire an 12.

Le Secrétaire du Musée de l'Yonne à M. Humbert, Secrétaire de Son Excellence le Ministre des Cultes.

J'ai l'honneur de vous adresser, Monsieur, copie de l'arrêté du Musée de l'Yonne, du 25 Fructidor, qui décerne, à l'ouvrage que vous lui avez envoyé, l'Accessit du Concours ouvert pour l'Éloge de M. de Noé. Je voudrais qu'il me fût possible de vous rendre le vif intérêt qu'a excité la lecture de ce morceau, qui par le pur amour de la vertu dont il porte l'empreinte, non moins que par l'énergie des pensées, la noblesse du style et la beauté des mouvemens oratoires, peut rivaliser avec ce que le Discours couronné offre de plus parfait, et qui n'eût rien laissé à desirer, s'il eût été aussi riche de faits, qu'il l'est d'images, d'harmonie et d'élocution.

Le Musée, en arrêtant l'impression de votre Discours, a regardé comme une dette cet hommage rendu au talent qui la inspiré, et il espère que vous ne désapprouverez pas cette disposition de son arrêté.

Je me félicite, en ce moment, d'être l'organe de ses sentimens, et de pouvoir, Monsieur, vous en offrir l'expression.

Signé P. BERNARD.

ÉLOGE

DE

MARC-ANTOINE DE NOÉ,

ÉVÊQUE DE TROYES.

Par M. HUMBERT, *Secrétaire de Son Excellence Monseigneur* PORTALIS, *Ministre des Cultes.*

MESSIEURS,

L'HOMMAGE des siécles appartient à la vertu. Elle est l'ame du monde, l'appui des trônes, la gloire et l'espérance du juste. Fille du ciel, elle embrasse tous les tems;

elle protège partout la faiblesse ; partout elle rassure et console le malheur, et ses leçons, aussi capables de frapper les âmes timides que d'éclairer les esprits difficiles, reposent sur les principes éternels et immuables du vrai, du grand et de l'honnête. Voilà, Messieurs, la vertu telle que je l'ai conçue. Je viens vous en présenter l'image. Puisse ma faible voix se rendre digne et de vos suffrages et de mon sujet !

Les hommes passent, Dieu seul est éternel. Toute la gloire humaine, tous les honneurs, tous les hauts états de ce monde ne sont que vanités. Quel est donc cet orgueil qui nous attache à la vie ? Faibles jouets de l'inclémence et du caprice des élémens, nous voguons à toute heure au milieu des écueils d'une mer toujours orageuse. A peine la lumière a-t-elle frappé nos paupières, que tout s'arme pour nous la ravir ; nous naissons dans la douleur ; nous coulons péniblement nos jours de l'enfance à la vieillesse : la vie n'est pour nous que le prélude de la mort. Heureux celui qui en la traversant a eu le courage d'être vertueux ! son nom sera l'éloge de son siécle.

Marc-Antoine DE NOÉ naquit au château de la Grimmaudière en avril 1726, d'une famille distinguée par des services éclatans. [1] Il reçut avec la vie le germe fécond des vertus qui devaient un jour honorer sa carrière. Ses inclinations se tournèrent de bonne heure vers la retraite et la méditation. Son esprit mûrissait en silence, et dans un âge où les passions tiennent encore la raison dans un état d'ivresse, M. de Noé avait déjà acquis la

---

[1] La famille de Noé avait fourni déjà un Évêque de Comminges et donné constamment des défenseurs à l'état. M. de Noé, père de l'Evêque de Lescar, était nommé au gouvernement de la Guyenne, lorsqu'il mourut à Fontainebleau sous les yeux de Louis XV. Madame de Noé était Colbert, de la famille du Ministre

sagesse qui les modère, et l'instruction qui les porte au bien.

La piété a un charme particulier pour les ames tendres; M. DE NOÉ se destina à l'état ecclésiastique. Son application, sa douceur et sa modestie le firent remarquer de M. de La Rochefoucauld qui le nomma successivement son grand vicaire à Albi et à Rouen. Il déploya sous les yeux de ce cardinal tant de vertus et des talens si rares, qu'il fut à l'âge de trente-six ans nommé au siège de Lescar. Il y porta cette sagesse et cette pureté de mœurs que son éducation et son heureux naturel avaient fait germer dans son cœur. Sa piété fut l'exemple des fidèles ; sa doctrine fut la lumière du Clergé. Il sut rendre son ministère édifiant aux yeux de l'Eglise, utile aux yeux de l'Etat. Il ramena la paix dans les familles, l'innocence dans les campagnes, et la bonne foi si nécessaire à la confiance, ses vertus surent l'inspirer partout.

Quelle est belle cette mission de la

Providence qui place un seul homme comme un ange médiateur entre le ciel et la terre, pour porter aux pieds du trône de Dieu les vœux et les hommages des mortels! Confident de leurs peines secrètes, il les allège en les partageant. Il ouvre à l'espérance les ames oppressées sous le poids du malheur. Il dit à tous, d'après une voix céleste : *Si vous voulez être heureux, soyez saints ; car le Seigneur votre Dieu est saint.* Il annonce au juste une vie qui sera sa gloire, au méchant une éternité.... Ah! cette mission n'est pas de ce monde. Elle n'est fondée ni sur l'ignorance des uns, ni sur le savoir des autres; elle parle au cœur de tous; elle est divine.

La morale fut toujours onctueuse, toujours persuasive, la vérité et la raison toujours éloquentes dans la bouche de M. DE NOÉ. Formé à l'école des grands écrivains de la Grèce et de Rome, il puisa dans leurs écrits cette hardiesse et cette flexibilité d'imagination qui donne tant de nerf et de vie à ses ouvrages, et cette pureté de goût qui en bannit l'affectation, la parure et la contrainte. Il a laissé plusieurs traductions d'Isocrate, de Thucydide et de Saint Paul. La langue française sous sa plume est mâle et abondante. Elle lui a révélé tous ses secrets ; elle lui a ouvert toutes ses ressources. Le style qui pour la plupart n'est que l'art futile d'arranger des mots, devient pour lui l'interprète sensible du cœur, de l'esprit ou de la raison. Il le revêt de toutes les formes, il l'embellit de toutes les nuances, il sait le rendre tour à tour tendre et séduisant, grave et noble, vif, ingénieux et léger. Toujours à la hauteur de ses modèles quand il traduit, il s'égale encore à eux quand il se livre aux inspirations de son génie. C'est alors qu'il est vraiment digne des beaux siècles de Périclès, d'Auguste ou de Louis le Grand. Ses pensées ont de la substance et de la force; il les enchaîne étroitement, il les serre, il les exprime avec grâce, énergie, et avec cette heureuse facilité qui est le signe et l'ornement d'une imagination prompte et d'un esprit cultivé.

M. DE NOÉ joignait au talent d'écrire, le talent de parler. Il trouvait sur ses lèvres, sans efforts, sans préparation, ces phrases douces et harmonieuses, ces expressions élégantes que la réflexion et le travail ne placent ordinairement que sous la plume.

Suivez un si beau modèle, ô vous qui vous destinez à prêcher l'Evangile. Aux études qui forment le cœur joignez celles qui forment l'esprit. L'ame de l'orateur est dans l'accord de l'un et de l'autre. Dans un siècle poli, on n'a d'influence sur les hommes que par le charme de la diction ; il faut flatter leur goût pour arriver à leur cœur. Aspirez donc à la gloire littéraire, alors même que vous y seriez indifférent, afin d'arriver plus sûrement à la gloire plus réelle et plus sainte d'instruire et de sauver les hommes.

Avec des mœurs douces, un esprit liant et aimable, M. DE NOÉ avait de l'élévation et de la force dans le caractère. Son ame respirait la noblesse de son origine. Elle se montre toute entière dans le discours qu'il prononça lors de la bénédiction des guidons du régiment du Roi. Orateur aussi éloquent qu'érudit, M. DE NOÉ nous fait remarquer chez toutes les Nations l'appareil magnifique d'une religion militaire. Je parcours avec lui l'histoire; j'arrive jusqu'au peuple de Dieu. Je vois à la tête des Israëlites l'arche d'alliance et le serpent d'airain; je vois briller l'aigle et les dieux du capitole sur les étendarts romains, et la croix que la main victorieuse de Constantin éleva au milieu des légions de l'orient. C'est en nous transmettant ces idées sublimes, ces grandes époques de gloire, que M. DE NOÉ exalte l'ame du soldat chrétien. Elle n'est sans doute pas la religion des lâches, la religion de tant de généreux martyrs de la patrie; la religion des Charlemagne, des Saint-Louis, des Turenne et des Condé; la religion qui fit humilier dans ses temples le diadême de Louis XIV! Elle anime le guerrier par ses motifs; elle l'enflamme par son esprit; elle donne à l'ame l'élan de la bravoure...... La valeur ainsi placée sous l'œil du dieu des armées n'a plus qu'un cri ou qu'un asyle; la victoire ou la mort.

Voilà les sentimens que M. DE NOÉ fait passer dans l'ame de ses lecteurs. Il les grave en traits de feu. Son Discours est rempli d'idées grandes, (1) de sentimens

---

(1) M. de Noé est le premier qui ait donné l'idée de la colonne nationale, où doivent être inscrits les noms des guerriers morts au champ d'honneur. « Pourquoi, dit-il, après une guerre qui aura
» fait répandre sur la terre et sur les mers le
» sang des braves, ne verrions-nous pas s'éle-
» ver un monument où leurs cendres recueillies
» et honorées, nous rappelleraient ce qu'ils ont été,
» et encourageraient ceux qui viendront après
» nous à marcher sur leurs traces?

» Il ne faudrait pour ce dernier bienfait, et
» le seul dont les illustres morts soient suscep-
» tibles, ni masses énormes, ni superbes por-
» tiques, ni vastes enceintes; il suffirait qu'éle-
» vée sur les débris d'armes, de forteresses et de

magnanimes. Le ton en est mâle, animé et soutenu. C'est un chef-d'œuvre que l'éloquence, l'honneur et la religion se glorifieront à jamais d'avoir produit.

» vaisseaux, *une colonne présentât à la postérité*
» *les noms et les actions de ceux dont le courage*
» *se serait le plus distingué.* La piété demanderait
» qu'au pied de la colonne un autel fût dressé
» au dieu des armées, et que sur cet autel, la
» victime sans tache fût immolée pour des pé-
» chés que n'aurait pas suffisamment expiés une
» mort glorieuse. Il serait juste qu'à cette solem-
» nité, présidée par tout ce que la nation a de
» chefs les plus nobles et les plus illustres, le
» peuple fût invité de se rendre et de venir
» soulager sa douleur par ses soupirs et par
» ses larmes. Au premier rang et dans la place
» la plus honorable, paraîtraient les veuves, les
» mères désolées, les pères infortunés, les enfans
» qui auraient à pleurer un époux, un fils, un
» père ; et l'orateur le plus éloquent, le plus
» homme de bien, le plus capable de sentir nos
» pertes, et d'exprimer nos regrets, serait chargé
» de louer les héros, objet de cette auguste et
» pieuse cérémonie ».

M. DE NOÉ fut non seulement un orateur distingué, il fut encore un Pontife généreux et sensible. Il fut le soutien et la consolation des fidèles. Si sa vie présente à l'admiration de grandes qualités, elle offre à la reconnaissance de grands bienfaits. Vous vous en souvenez, ô peuples de Lescar, de cette épizootie meurtrière qui, semblable à un torrent impétueux, porta dans vos campagnes le ravage et la mort. [1] L'œil en pleurs, le visage abattu, vous erriez de contrée en contrée, demandant à la pitié du ciel une terre plus hospitalière. Votre raison troublée s'exhalait en soupirs ardens. O infortunés! pourquoi des murmures, pour-

---

(1) En 1776 une maladie contagieuse ravagea tous les troupeaux du midi : elle se fit sentir d'une manière désastreuse en Béarn. M. DE NOÉ publia, à cette occasion, une lettre pastorale qui fut en même tems religieuse et politique. Cette réunion donne à l'ouvrage un degré d'intérêt dont il ne paraissait pas susceptible.

quoi ces égaremens d'un désespoir criminel? Dieu vous avait-il délaissés? n'avait-il pas envoyé au milieu de vous l'homme de sa droite, un père, un ami, un bienfaiteur? Vous le vîtes en larmes aux pieds des autels invoquer pour vous et la clémence divine et la charité des hommes. Sa fortune, de tout tems l'héritage du pauvre, devint en un instant le patrimoine de l'infortune. [1] Il vous prodigua et les soins délicats de sa tendresse, et les secours de son infatigable activité. Ce généreux exemple eut bientôt et partout des imitateurs; il réveilla jusqu'en Espagne [2] des sentimens que ni la distance ni la fortune n'étoufferont jamais; car

[1] Pour remédier à ce désastre, M. DE NOÉ imagina une souscription de bienfaisance, et joignant l'exemple au précepte, il s'inscrivit en tête de cette souscription pour une somme de 45,000 francs.

[2] Il y avait en Espagne plus de trente mille Béarnais qui s'y étaient établis, et y faisaient un commerce considérable.

quelque prospère que soit un ciel étranger, on n'y retrouve ni le soleil de son enfance, ni la tombe de ses pères, ni le sanctuaire de sa famille, orgueil, charme et soutien de la vie. Ces souvenirs si touchans, M. DE NOÉ sut les embellir encore. La lettre pastorale qu'il publia fit abonder de toutes parts les tributs consolateurs de la bienfaisance, et le malheur, encore une fois, dut son salut aux douces inspirations de la piété.

J'arrive à une grande époque de la carrière littéraire et religieuse de M. DE NOÉ. C'est celle où il écrivit son discours sur l'*État futur de l'Eglise*. La religion qui l'inspira semble lui avoir prodigué les grâces et l'énergie de l'éloquence. Quel ordre, quelle sagesse, quelle profondeur de vues! Quelle richesse de pensées, quelle magnificence de style! C'est dans ce discours qu'il faut étudier les mystères de la toute-puissance, les glorieux souvenirs du passé et les espérances futures. Dieu qui n'a ni origine, ni durée, sa bienfaisance qui n'a point de mesure, sa volonté qui n'a point de bornes, qui, d'un seul acte, féconde le néant, ordonne les mondes, parcourt l'infini, embrasse l'éternité. Voilà le sujet des hautes méditations de M. DE NOÉ. Elles sont écrites d'inspiration. L'œil tourné vers les cieux, il porte sa pensée et la nôtre vers ce qui ne passe point. L'homme s'évanouit. C'est l'orateur de l'évangile, le juge des puissances, l'interprète des révélations divines.

Avant lui Bourdaloue, Massillon, Flechier avaient porté l'éloquence à une hauteur qu'il était difficile d'égaler, et Bossuet à une sublimité qu'il était impossible d'atteindre. L'ame de M. DE NOÉ l'a rendu éloquent à côté de ces grands modèles. Il est attachant et nerveux avec Bourdaloue, sensible avec Massillon, élégant avec Flechier, naturel et sublime avec Bossuet. Le génie a un essor que rien n'effraie, que rien n'arrête. Sa route s'élève au-dessus des régions terrestres,

C'est à cette distance des hommes que la renommée paraît auguste, (1) que la gloire est un besoin de l'ame, que la postérité se montre. Il n'est plus alors permis de jeter en arrière un regard timide; il faut être grand.

Ici, Messieurs, se terminent les beaux jours d'un épiscopat à jamais mémorable. La paix, l'innocence et le bonheur regnaient sous l'égide de la religion; mais, hélas! du mépris de la religion, naît le mépris de toutes les vertus. Sans la religion, la morale n'a plus de base, les lois n'ont plus de sanction, les gouvernemens plus de force ni de stabilité; et quand dans un état, la licence et la perversion en sont venues à ce point; quand le goût, le cœur et l'esprit d'une nation ont aussi sensiblement dévié, il faut une régénération: et plus le mal aura de racines, plus la crise sera violente. Que de souve-

---

(1) *Curam habe de bono nomine.* Au livre de la sagesse, chap. XLI, v. 15.

nirs déchirans, que de regrets amers viennent en ce moment troubler ma pensée !

Je vois s'avancer à grands pas, sur une terre de délices, la corruption, le deuil et la mort.

Je vois la France, jadis si grande et si heureuse, devenir tout-à-coup un vaste tombeau.

Ici, la patrie n'est plus qu'un cri funèbre; là, elle n'est plus qu'une espérance de l'imagination.

Les uns, cruels et homicides, l'invoquent pour assouvir leurs fureurs.

Les autres éperdus et divisés la cherchent et ne la retrouvent plus que dans leurs souvenirs.

Plus d'asyle pour la vertu, plus de respect pour le malheur.

C'est alors que des familles errantes emportent au loin leurs affections et leur désespoir ; que des citoyens autrefois la gloire et l'ornement de leur pays, accablés de toutes les privations du rang et de la fortune, s'en vont demander un abri et du pain à la pitié de l'étrangèr; que la vertu, grand Dieu! la vertu modeste, simple et bienfaisante, est exilée de cette terre ingrate où elle versait toutes les consolations, toutes les espérances.

Ce sort malheureux, M. DE NOÉ le partagea; il se réfugia en Angleterre. Là il eut à lutter contre le double écueil de l'infortune et de la haîne nationale. Il portait encore sa patrie méconnaissable dans son cœur. Il vécut loin d'elle, comme les Antoine, les Arsène, les Hilarion surent vivre et se sanctifier loin de Rome. Il opposa partout avec courage aux perfides séductions le cri de sa conscience. Admirons la supériorité de son âme qui toujours invincible de quelque côté qu'on l'attaquât, n'eut d'autre passion que l'amour de son pays et d'autres espérances que la vertu. Tout espoir de retour ne lui était cependant point ravi; et dans l'attente de ce retour qui flattait ses vieux ans, il sut, comme S. Jérôme, honorer à la fois son malheur et la religion. Des soldats français gissaient dans les fers ennemis; une mort sans gloire semblait devoir terminer leur carrière. M. DE NOÉ s'élevant au-dessus des craintes les plus naturelles, pénètre à travers les cachots, arrive jusqu'à ces généreux martyrs de l'honneur. Il les anime, il les soutient; il réveille leurs espérances, et leur procure à tous des secours qui adoucissent l'amertume de leur longue captivité. Quand on songe à la situation dans laquelle il se trouvait lui-même, il faut tomber aux pieds de la charitable Providence, et la bénir d'inspirer au cœur de quelques hommes tant de dévouement pour le bonheur de tous.

Voilà les révolutions! Elles sément partout l'erreur et les ténèbres; elles brisent, elles écrasent tout; elles sont des époques de sang. Les puissants tombent; les sages sont égarés. O mon Dieu! le sort des Empires ne dépend donc ni de la sagesse ni de la puissance des hommes!

Cependant la France ne devait pas

s'engloutir toute entière. Un génie rare et vaste sort tout-à-coup des ruines. Brillant de jeunesse et de vaillance, il apparaît au milieu du cahos comme la lumière céleste. Grand dans les combats, grand dans les conseils, ses armes et sa sagesse rendent la paix au monde. Il récompose l'ordre social. Sous son heureuse influence la morale retrouve son bienfaisant empire avec celui de la religion. Les temples sont relevés, les Lévites rappelés ; par-tout des cantiques d'allegresse s'élévent jusqu'aux cieux. Oh! quel inespéré changement!

Tout n'était pas fait. Il restait à calmer des consciences délicates, faibles et timides, et la conscience n'est pas sous l'empire de la volonté humaine. Il fallait enchaîner des passions encore malfaisantes, éteindre des regrets, faire oublier des torts ou pardonner des crimes. Cette tâche, M. DE NOÉ fut jugé digne de la remplir. Sa modestie ne put le dérober aux regards du chef de l'Etat. Il fut nommé à l'Evêché de Troyes. Son âge, sa santé, ses malheurs eussent pu facilement éluder ce devoir devenu trop pénible. Mais s'occupa-t-il jamais de son repos et de son bonheur, lorsqu'il s'est agi du bonheur et du repos de la Patrie? Il justifia dans cette nouvelle mission toute la confiance que des succès passés avaient inspirée. Il y déploya l'énergie et la constance de la jeunesse, et la paix reparut dans des contrées qui la méconnurent si long-tems. Tant de travaux, tant d'obstacles vaincus épuisèrent à la fin ses forces. Il ne put jouir long-tems du spectacle consolant du bien qu'il avait fait, et au moment où il allait en recevoir l'honorable récompense (1), la mort vint

---

(1) Il devait être nommé Cardinal. — Voici la lettre que M. le Conseiller d'état *Portalis* lui écrivit le 5.ᵉ jour complémentaire an 10.

» Je m'empresse, M. l'Evêque, de vous an-
» noncer de la part du Premier Consul que le
» Pape lui ayant accordé quatre chapeaux de
» Cardinaux, il en a demandé un pour vous,
» afin de vous prouver combien il est satisfait de

l'enlever à la reconnaissance de l'Eglise et de l'Etat. O vous, qui l'avez connu dans les derniers tems de sa carrière, dites-nous les prodiges de son vertueux dévouement; dites-nous comment il s'empara de la confiance, comment il sut gagner tous les cœurs et ramener tous les esprits. Vous que l'erreur ou la passion égarèrent, rendez ici hommage à sa douce persuasion, à la sagesse de ses conseils. Et vous que le malheur entraînait au crime ou réduisait au désespoir, venez mouiller de vos larmes cette main bienfaisante qui vous rendit au bonheur. Venez tous, magistrats, citoyens, ministres des autels, tous enfans de Dieu; venez raconter à l'envi ses vertus, ses bienfaits et votre reconnaissance; et publiez sa gloire: Il n'est plus maintenant; la mort l'a ravi au monde. Exaltez la donc, sa vie si glo-

---

» votre conduite. Je me félicite d'être auprès de
» vous, dans une telle occasion, l'organe des
» sentimens du Premier Consul ».

rieuse et sa fin si touchante. O Prélat, l'honneur du siècle et de l'église; si du haut des célestes demeures, quelque chose d'ici bas vous intéresse encore, jettez un regard sur cette terre que votre mort a couverte de deuil. Voyez nos larmes, soyez ému de nos soupirs. Nous bénissons votre nom, nous l'invoquons sans cesse. Nos neveux à notre exemple le béniront et l'invoqueront aussi. Ils se rendront en foule sur votre tombeau, non pour y voir des titres fastueux, de superbes mausolées, déplorables monumens de la vanité humaine. Vos restes, plus honorés, sont entourés des hommages de la Terre. Ils rappeleront aux générations à venir un nom cher à la religion et à la patrie. Ils inspireront la vertu. C'est ainsi qu'après le soleil couché, le crépuscule d'un beau soir éclaire encore les pas du voyageur.

www.ingramcontent.com/pod-product-compliance
Lightning Source LLC
Chambersburg PA
CBHW060911050426
42453CB00010B/1650